CATALOGUE

DES

ÉTOFFES

EUROPÉENNES ET ORIENTALES

DES XVe, XVIe, XVIIe SIÈCLES ET AUTRES

TISSUS COPTES

BROCATELLES, VELOURS ET BRODERIES ALLEMANDES

VELOURS ET SOIES VARIÉES

Appartenant à M. Besselièvre

ET DONT LA VENTE AURA LIEU A PARIS

HOTEL DROUOT, SALLE N° 6

LES VENDREDI 16 ET SAMEDI 17 FÉVRIER 1912

à deux heures

COMMISSAIRE-PRISEUR

Mᵉ HENRI BAUDOIN

Successeur de M. PAUL CHEVALLIER

10, rue de la Grange-Batelière

EXPERTS

MM. MANNHEIM

7, rue Saint-Georges

PARIS

EXPOSITION PUBLIQUE

Le Jeudi 15 Février 1912, de 1 heure 1/2 à 6 heures

CONDITIONS DE LA VENTE

Elle sera faite au comptant.

Les adjudicataires paieront *dix pour cent* en sus des enchères.

ORDRE DES VACATIONS

Vendredi 16 Février 1912

Étoffes coptes	1 à	20
Étoffes allemandes	21	34
Étoffes orientales	35	70
Velours (Partie des)	71	125

Samedi 17 Février 1912

Velours (Fin des)	126 à	143
Broderies, Soies, Satins	144	252

Paris. — Imp. de l'Art, Ch. Berger, 41, rue de la Victoire

16 février 1912

Collection de M. BESSELIÈVRE

(2e VENTE)

ÉTOFFES

EUROPÉENNES ET ORIENTALES

DES XVIe ET XVIIe SIÈCLES

ET AUTRES

IMPRIMERIE DE L'ART

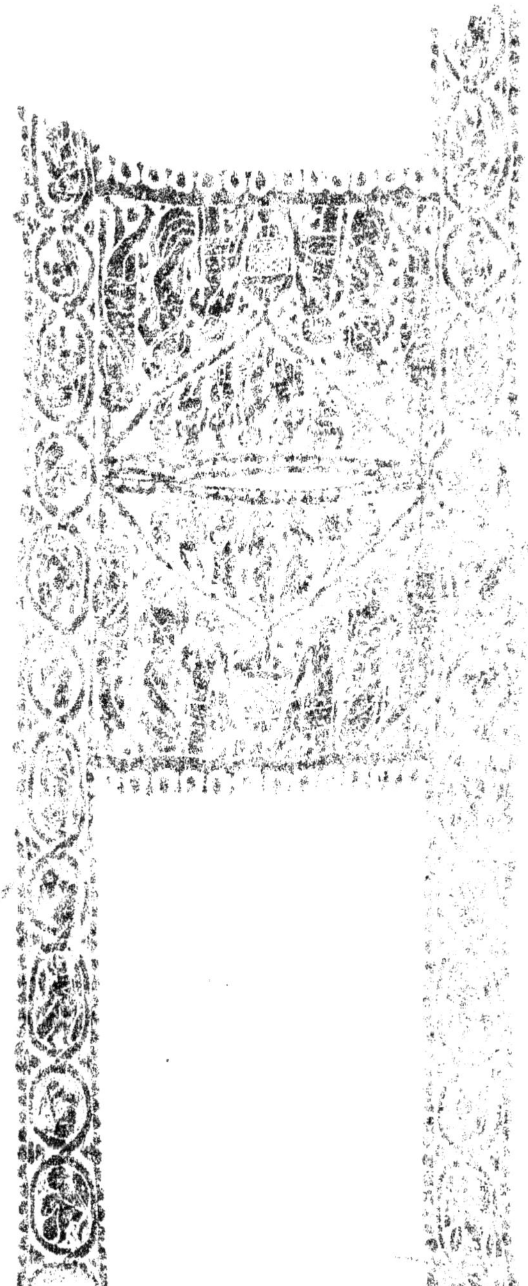

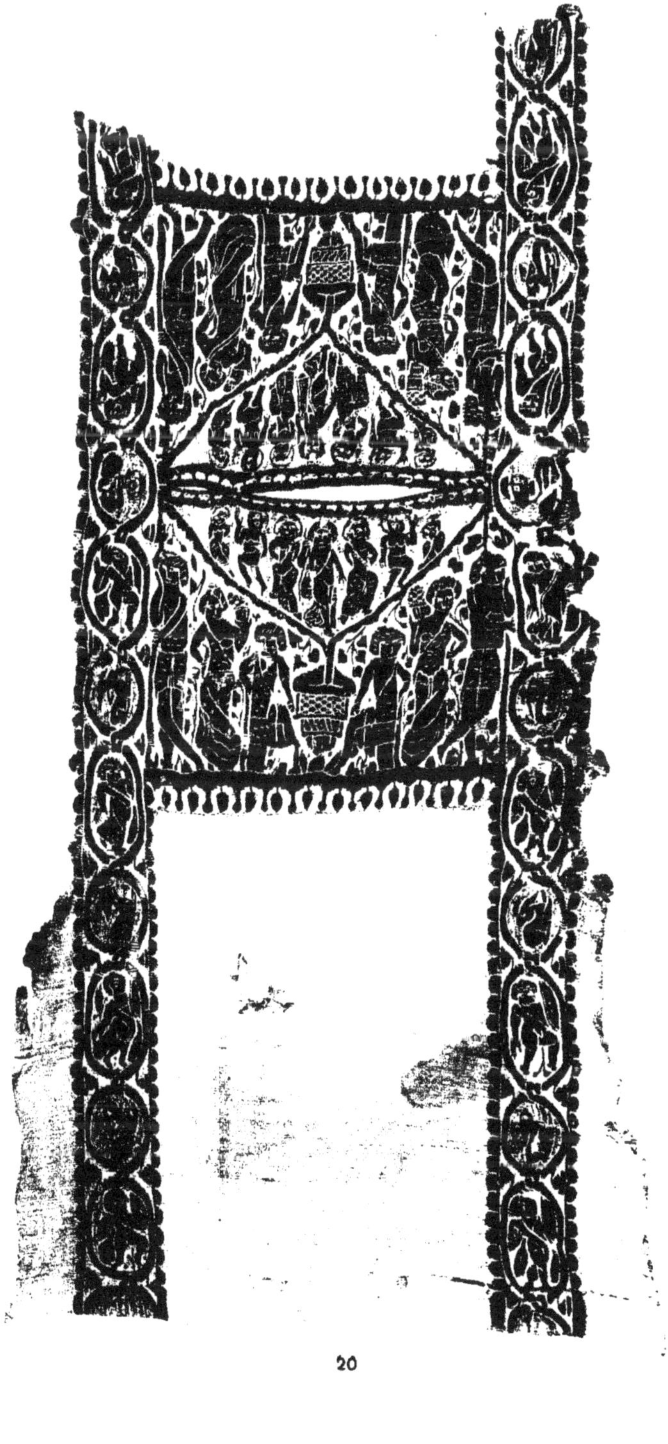

20

DÉSIGNATION

ÉTOFFES COPTES

1 — Fragment d'étoffe copte, à motifs irréguliers, sur fond rouge.

2 — Quatre fragments d'étoffe copte, l'un d'eux à personnages, les autres à animaux ou fleurs.

3 — Trois fragments d'étoffe copte, à fleurs, fond rouge et blanc, l'un d'eux avec personnages.

4 — Fragment d'étoffe copte, présentant des cavaliers et des animaux, sur fond rouge.

5 — Fragment d'étoffe copte, à dessin de personnages sur fond rouge.

6 — Trois fragments d'étoffe copte; l'un à dessin de rinceaux, l'autre de motifs irréguliers, le troisième d'animaux, sur fond rayé.

7 — Fragment d'étoffe copte, de forme ronde, présentant une figure de saint Georges.

8 — Trois fragments d'étoffe copte variés; l'un à carrelages, un autre à motifs irréguliers, le troisième à feuillages.

9 — Deux fragments d'étoffe copte, à dessin d'animaux et personnages.

10 — Deux fragments d'étoffe copte ; l'un à dessin de branches feuillagées, l'autre à dessin d'animaux et vases de fleurs.

11 — Fragment d'étoffe copte, présentant un cavalier cantonné de personnages et de corbeilles de fleurs.

12 — Grand fragment d'étoffe copte, présentant un cavalier cantonné de personnages.

13 — Deux fragments d'étoffe copte, présentant des personnages.

14 — Fragment d'étoffe copte, à motifs irréguliers.

15 — Grand fragment d'étoffe copte, à dessin de personnages et animaux, sur fond rouge.

16 — Fragment d'étoffe copte, présentant une bande à fond rouge chargée de personnages.

17 — Fragment d'étoffe copte, présentant, sur la bordure, des animaux et des personnages en violet.

18 — Fragment de tunique copte, à dessin de personnages et animaux.

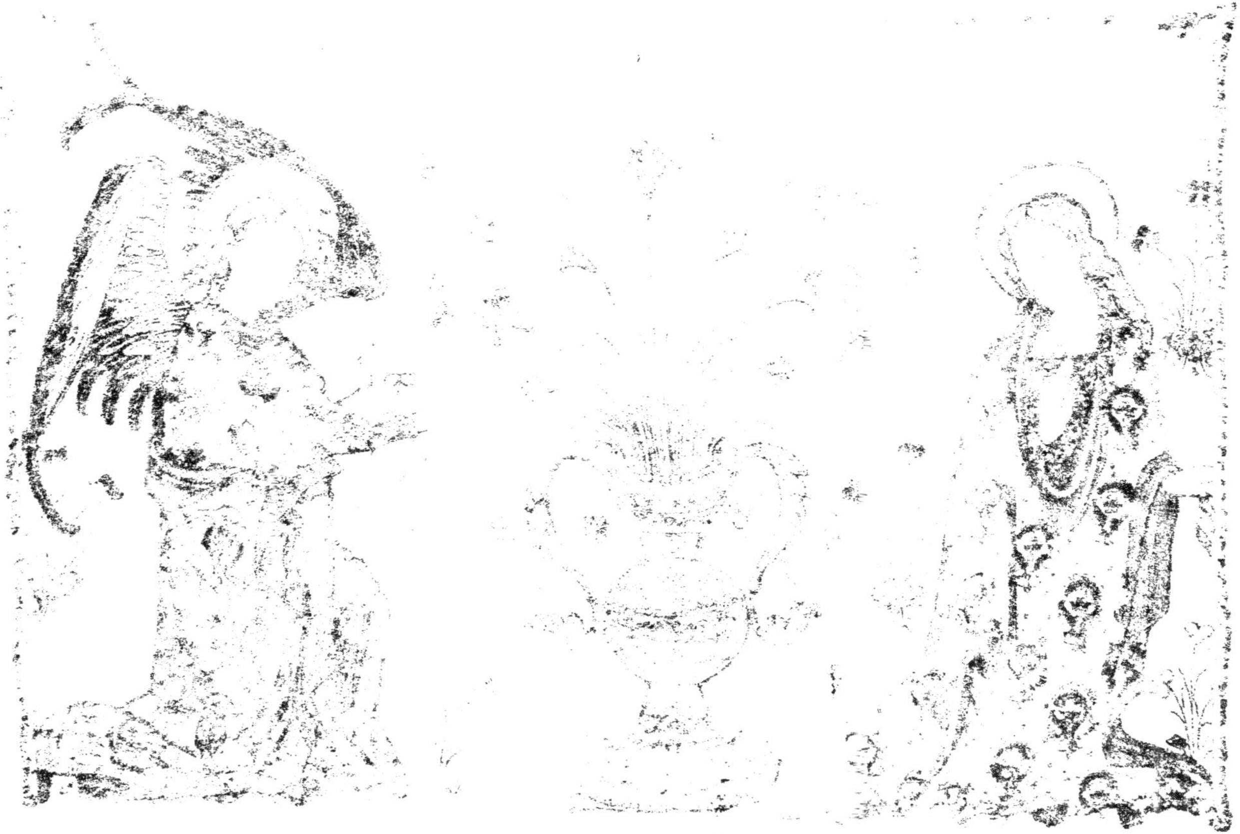

HÉLIO LÉON MAROTTE

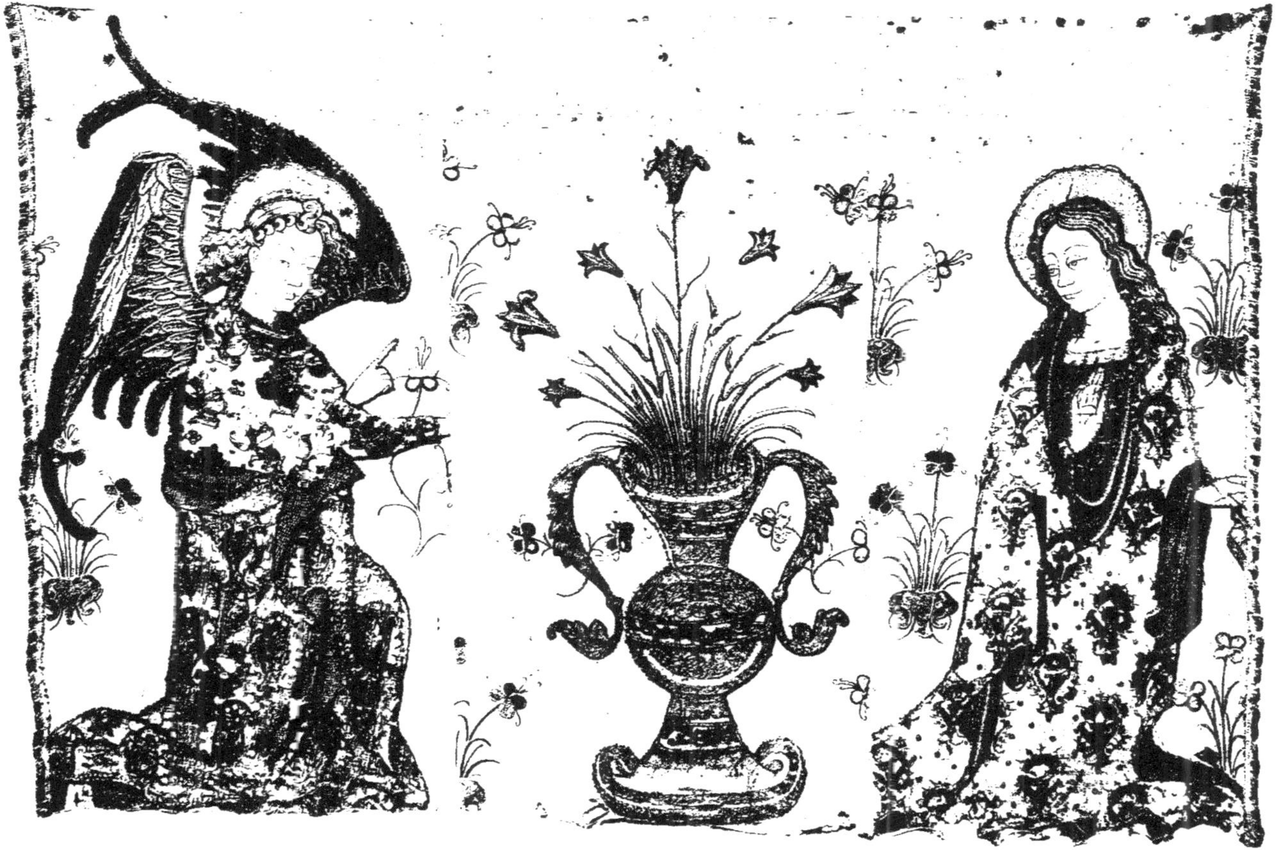

21

HÉLIO LÉON MAROTTE

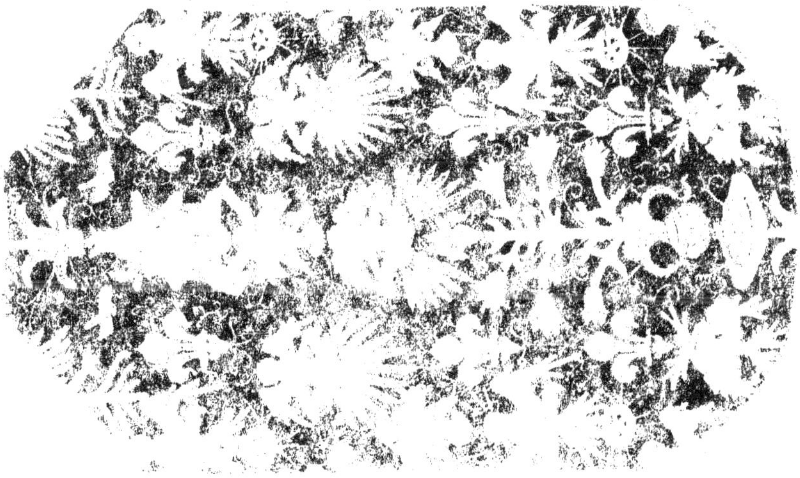

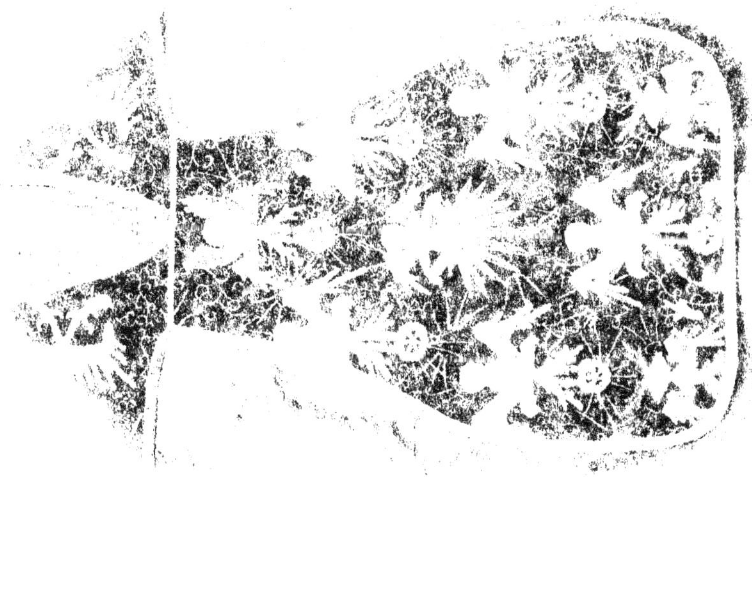

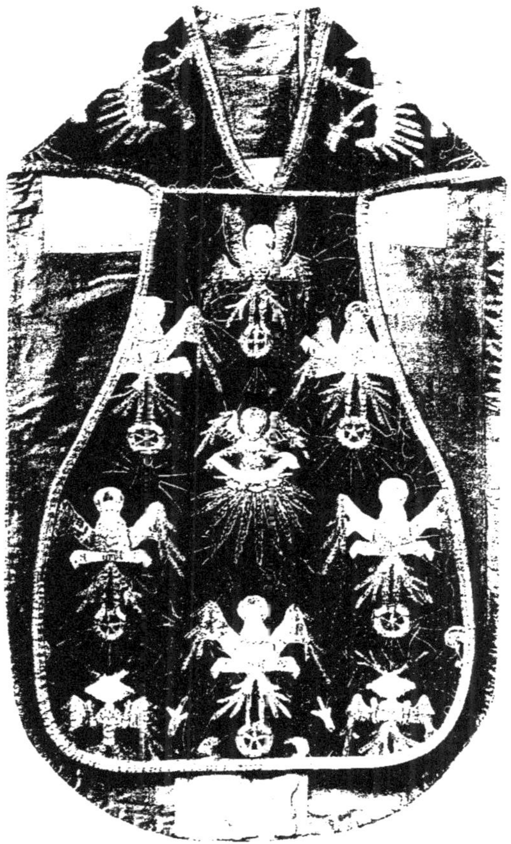

22

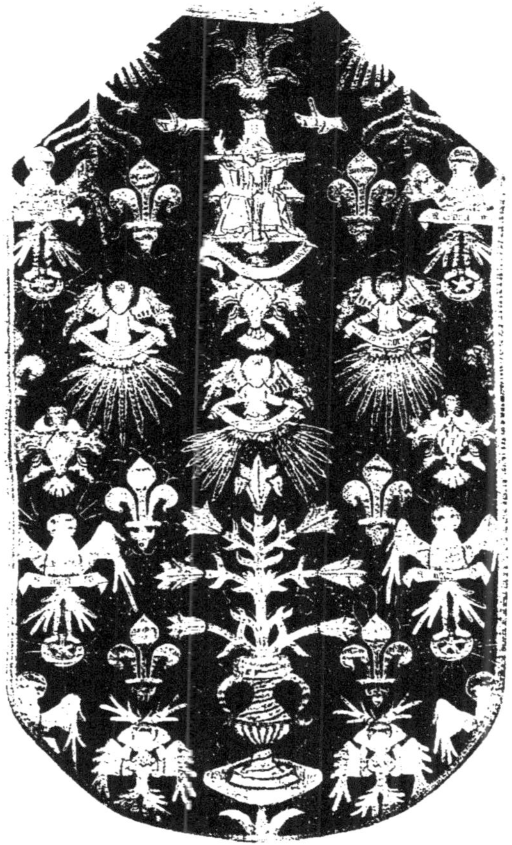

22

19 — Fragment d'étoffe copte, de forme rectangulaire, présentant une figure de bacchant, sur fond violacé, avec bordure rose à fleurs et feuilles.

20 — Fragment de tunique copte, à dessin de nombreux personnages, entrelacs et animaux, en violet.

ÉTOFFES ALLEMANDES

21 — Devant d'autel en toile brodée de soie et d'argent doré, présentant le sujet de l'Annonciation. Allemagne, XIVe siècle.

22 — Chasuble en velours rouge, avec applications de broderie de soies de couleurs et d'argent doré, présentant une multitude d'angelots, les ailes déployées, tenant des phylactères, et, au centre, Dieu le père, tenant le Christ sur sa croix; le tout entremêlé de fleurs de lis, vases de fleurs, chérubins, etc. Travail allemand ou anglais du XIVe siècle.

(*Vente Gay, 1909.*)

23 — Deux fragments de brocatelle brodée de soie et lamée d'argent doré, à dessin de bustes de saintes femmes, sur fond chargé de feuillages. Travail de Cologne, XIVe siècle.

24 — Chasuble en velours rouge frappé, à dessin de grenades, avec orfroi en brocatelle brodée de soie et lamée d'argent doré, présentant une figure d'évêque, des arbustes et les inscriptions : *Jesus Maria, saint Brice.* Travail italien du xve siècle, pour le velours ; travail de Cologne du xve siècle pour l'orfroi.

25 — Six bandes en brocatelle lamée d'argent doré et brodée de soie, présentant une rosace, des arbustes et le nom : *Jesus Maria.* Travail de Cologne, xve siècle.

26 — Bande en brocatelle brodée, présentant la Vierge, debout, tenant l'Enfant Jésus, et placée entre deux écussons chargés des attributs de la Passion ; à la partie inférieure, l'inscription : *Jesus.* Travail de Cologne, xve siècle.

27 — Huit fragments de brocatelle brodée et lamée d'argent doré, présentant des arbustes ou des rosaces, avec l'inscription : *S. Petrus*, sur l'un : *Jesus Maria*, sur un autre. Travail de Cologne, xvie siècle.

28 — Cinq fragments d'orfrois en broderie de soies de couleurs et d'argent doré, présentant chacun une figure de saint personnage ou d'angelot. Travail allemand, xve siècle.

29 — Deux petits fragments d'orfrois, en broderie d'argent doré et de soies de couleurs, présentant chacun un buste d'angelot, les ailes déployées. Allemagne, xve siècle.

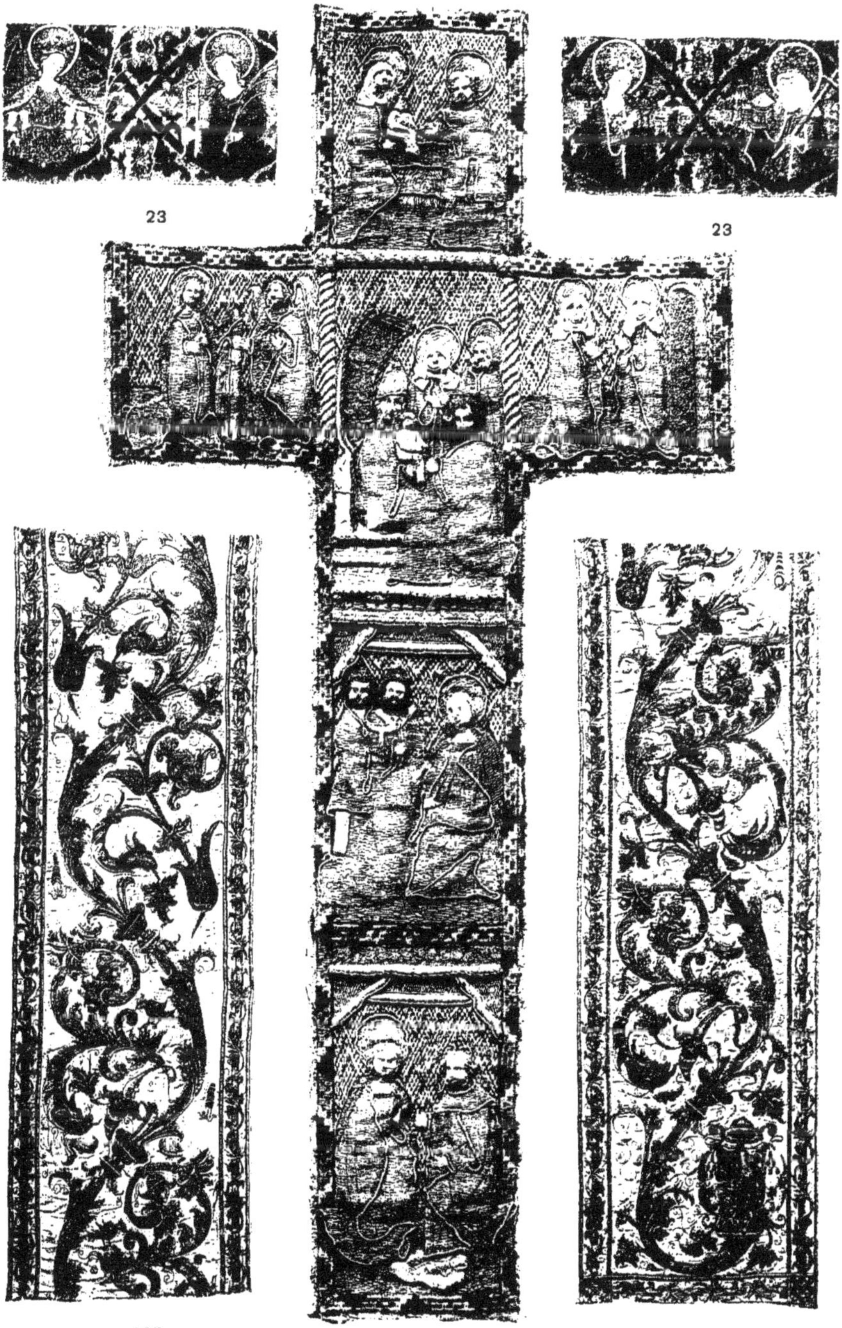

23

23

187

33

187

30 — Fragment de broderie de soie et d'argent doré à reliefs, présentant le Christ et la Samaritaine, les chairs étant peintes. Allemagne, XVe siècle.

31 — Orfroi, en forme de croix, en broderie de soie de couleurs et d'argent doré, présentant le Christ de pitié et des groupes de saints. Allemagne, XVe siècle.

32 — Six fragments de satin bleu, avec applications de broderie de soie et d'argent doré, à figures d'angelots, etc. Allemagne, XVe siècle.

33 — Orfroi, en forme de croix, en broderie de soie et d'argent, à gros reliefs, présentant : l'Adoration des mages, la Visitation, l'Annonciation, la Présentation au temple, etc. Allemagne, XVe siècle.

34 — Deux orfrois en satin vert et broderie de soie de couleurs et d'argent, présentant, l'un, une figure de sainte Barbe ; l'autre, la Vierge, portant l'Enfant Jésus, avec entrelacs feuillagés en haut et en bas. Travail allemand, XVIe siècle.

ÉTOFFES ORIENTALES

35 — Carré en velours polychrome, à dessin de motifs réguliers, sur fond marron. Travail oriental.

36 — Fragment d'écharpe en soie lamée d'argent, à dessin de fleurs. Travail oriental.

37 — Carré en satin bleu broché à petites fleurs, avec encadrement à fond orangé. Travail persan.

38 — Petit carré en soie brochée, à dessin régulier en bleu et rouge, sur fond jaune. Travail persan.

39 — Fragment de velours polychrome ciselé, sur fond lamé d'argent doré, à dessin de branches fleuries, sur lesquelles sont perchés des oiseaux. Ancien travail persan.

40 — Fragment de bordure en velours polychrome et lamé d'argent, à reliefs, présentant deux rosaces avec fleurettes au centre. Ancien travail persan.

41 — Petit panneau en velours polychrome, à dessin d'oiseaux affrontés et de grosses fleurs, fond rouge. Ancien travail persan.

42 — Carré en velours, à ramages de fleurs et d'oiseaux, en jaune et vert, sur fond rouge. Ancien travail persan.

62

Aux arts d.

120

Centai

57

Sou

41

34

(Ea

69c

Suber

153

Suber

200

Antoi

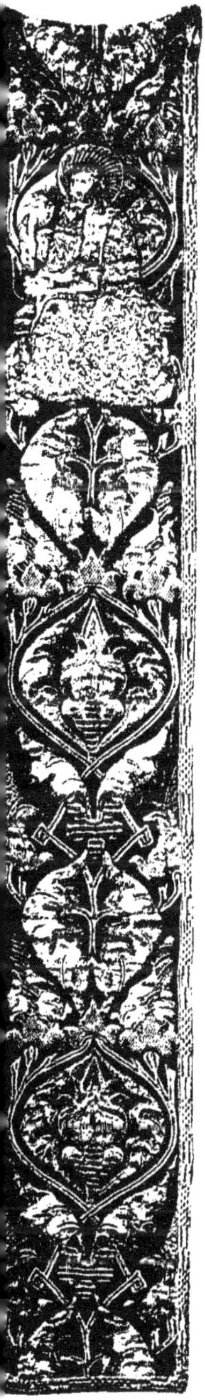

123

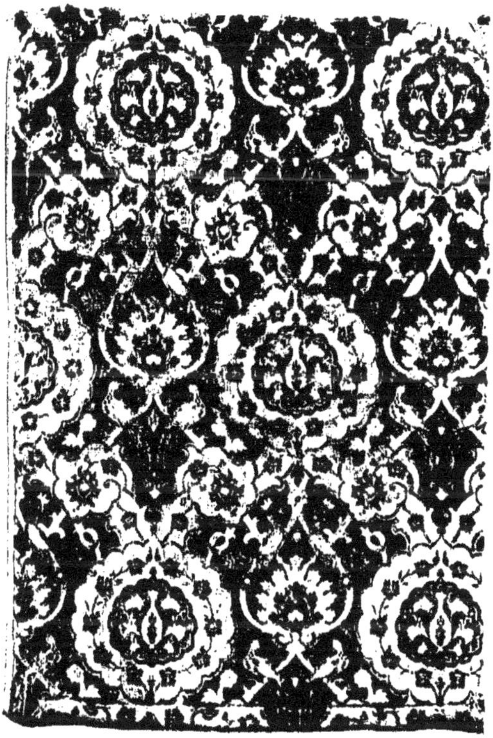

41

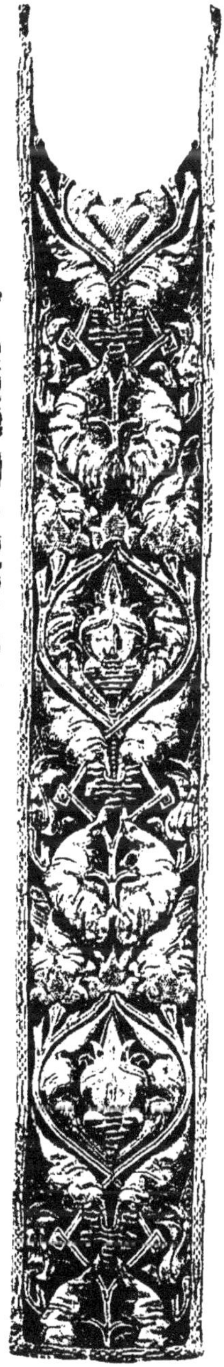

123

43 — Panneau en velours bleu clair, à ramages d'oiseaux et de grosses fleurs en rouge et blanc. Ancien travail persan.

44 — Fragment de satin rouge broché de soie et d'argent doré, à dessin de branches fleuries. Ancien travail persan.

45 — Petit panneau en satin rouge broché et lamé d'argent, à dessin de pommes de pins. Ancien travail persan.

46 — Grand panneau en satin rouge broché et lamé d'argent doré, d'ancien travail persan.

47 — Fragment de satin bleu lamé d'argent doré, à fleurs et feuilles. Ancien travail persan.

48 — Grand panneau en brocart, à dessin de larges feuilles lamées d'argent doré, sur fond lamé d'argent. Ancien travail persan.

49 — Grand panneau de mosquée en satin broché et lamé d'argent doré, présentant, sous deux arcades, des vases de fleurs et des rinceaux, ainsi que des lampes de suspension, en haut et en bas; bordure de branches fleuries, de fleurons, etc. Ancien travail persan.

50 — Fragment de satin rouge broché, à dessin de branches fleuries en blanc et bleu. Ancien travail persan.

118

51 — Petit carré en satin vert broché jaune, à dessin régulier de palmettes chargées de rinceaux. Ancien travail persan.

83

52 — Fragment de soie brochée, à dessin d'inscriptions sur fond bleu. Ancien travail arabe.

32 Gubert

53 — Trois pièces : deux fragments d'ancienne broderie de Rhodes, à dessin d'animaux sur fond rouge, et autre fragment en ancienne broderie italienne, à dessin d'animaux et fleurs.

40

54 — Fragment de broderie de soie rouge et verte sur toile, à dessin d'animaux, vases et fleurons. Ancien travail de Rhodes.

820 Pagenel

55 — Panneau en satin rouge, broché et lamé d'argent doré, à larges palmettes chargées de fleurs ; fond rouge. Ancien travail de Brousse.

500 aux arts décoratifs

56 — Petit panneau en satin rouge broché et lamé d'argent doré, à dessin de grosses feuilles chargées de fleurs. Ancien travail de Brousse.

830 antoine

57 — Grand panneau en satin rouge broché et lamé d'argent, à dessin de grands médaillons chargés de fleurs. Ancien travail de Brousse.

500 Bernheimer

58 — Panneau en brocart, à fleurs, dans des médaillons à bords découpés. Ancien travail de Brousse.

59 — Grand panneau en satin orangé, broché de soies de couleurs et d'argent doré, à dessin de tulipes stylisées. Ancien travail de Brousse.

60 — Très grand montant en satin rouge broché et lamé d'argent doré, à grosses fleurs, au milieu d'entrelacs. Ancien travail de Brousse.

61 — Grand panneau en satin rouge broché et lamé d'argent doré, à dessin de grosses fleurs, au milieu d'entrelacs. Ancien travail de Brousse.

62 — Fragment de satin rouge broché, à dessin de rosaces dans des entrelacs. Ancien travail de Brousse.

63 — Grand panneau en satin violacé broché et lamé d'argent doré, à dessin de grenades au milieu de gros entrelacs. Ancien travail de Brousse.

64 — Panneau en velours ciselé polychrome, à fleurs sur fond lamé d'argent. Ancien travail de Scutari.

65 — Carré en velours ciselé polychrome, à grands ramages lamés d'argent doré, sur fond rouge. Ancien travail de Scutari.

66 — Panneau en velours rouge, à ramages de grosses feuilles et fleurs avec entrelacs et couronnes lamés d'argent doré. Ancien travail de Scutari.

67 — Grand panneau en velours ciselé, à dessin de larges palmettes lamées d'argent sur fond rouge. Ancien travail de Scutari.

68 — Grand panneau en velours ciselé, à dessin de tulipes et autres fleurs, avec entrelacs lamés d'argent et d'argent doré, sur fond violacé. Ancien travail de Scutari.

69 — Large montant en velours rouge lamé d'argent doré, à dessin de grosses palmettes et fleurs. Ancien travail de Scutari.

70 — Panneau en velours ciselé, polychrome et lamé d'argent doré, présentant un grand médaillon contenant un vase de fleurs et encadré, haut et bas, de lambrequins fleuris. Ancien travail de Scutari.

VELOURS

71 — Fragment de velours rouge frappé et tissé d'argent, à dessin de fleurs et oiseaux. Italie, XIVe siècle.

72 — Chaperon de chape, en velours brodé de soie de couleurs et d'argent, présentant le sujet de la Résurrection. Italie, XVe siècle.

73 — Fragment de velours ciselé, à motifs ondulés, en rouge sur fond jaune, lamé d'argent. Italie, XVIe siècle.

74 — Deux fragments de velours rouge frappé, à deux hauteurs, à dessin de rosaces et couronnes. Italie, XVIe siècle.

75 — Fragment de velours violet, lamé d'argent doré, à dessin d'entrelacs et rinceaux. Italie, XVIe siècle.

76 — Fragment de velours ciselé, à dessin de fleurs dans des quadrillés, en vert sur fond jaune. Italie, XVIe siècle.

77 — Galon en velours ciselé rouge, à dessin de personnages et animaux. Italie, XVIe siècle.

78 — Petit fragment de velours rouge ciselé, à motifs ondulés. XVIe siècle.

79 — Fragment de velours rouge, ciselé, à dessin d'entrelacs réguliers et de fleurettes. Italie, xvie siècle.

80 — Fragment de velours, ciselé, à ramages en gris bleuté, sur fond rouge. Italie, xvie siècle.

81 — Fragment de velours ciselé, à ramages verts sur fond rouge. Italie, xvie siècle.

82 — Fragment de velours orangé lamé d'argent doré, à petits ramages. Italie, xvie siècle.

83 — Bande en velours rouge, bordée d'une rangée de fleurons, en argent doré. xvie siècle.

84 — Chasuble, en deux parties, en velours vert ciselé, à fleurs régulières, encadrées de soie blanche. Italie, xvie siècle.

85 — Dos de chasuble en velours rouge frappé, à larges feuilles et entrelacs, avec orfroi de velours jaune, à dessin de feuillages, médaillons, cartouches, etc. Italie, xvie siècle.

86 — Chasuble en velours ciselé, à dessin de fleurs en violet sur fond violacé; orfroi en velours ciselé à ramages gros bleu, sur fond jaune, lamé d'argent doré. Italie, xvie siècle.

87 — Dos de chasuble en velours ciselé, à grands ramages, en rouge sur fond blanc. Italie, xvie siècle.

88 — Chasuble, en deux parties, en velours ciselé, à grands ramages, en rouge sur fond blanc lamé d'argent. Italie, XVIe siècle.

89 — Chasuble en velours vert, avec orfroi de brocatelle, à fleurs, sur fond jaune. XVIe siècle.

90 — Petit panneau en velours ciselé, à grands ramages verts sur fond gris, lamé d'argent. XVIe siècle.

91 — Fragment de velours rouge, lamé d'argent doré, à dessin de fleurs et feuilles. XVIe siècle.

92 — Chasuble en velours rouge soutaché, avec orfroi de velours rouge également, chargé de médaillons à sujets saints et de rinceaux en applications de broderies de soie et d'argent doré. Italie, XVIe siècle.

93 — Dos de chasuble en velours ciselé, à ramages violacés sur fond jaune, lamé d'argent doré. Italie, XVIe siècle.

94 — Petit carré en velours ciselé, à dessin de chiens et de branches fleuries, en rouge, jaune et bleu, sur fond crème. Italie, XVIe siècle.

95 — Deux fragments de velours : l'un, à vases de fleurs dans des entrelacs en vert ; l'autre rouge, à vases de fleurs également, dans des entrelacs. Italie, XVIe siècle.

96 — Fragment de velours ciselé orangé, à dessin de vases de fleurs, dans des entrelacs. Italie, XVIe siècle.

97 — Fragment de velours ciselé, à motifs quadrillés en vert sur fond blanc, lamé d'argent. Italie, XVIe siècle.

98 — Chasuble en velours vert, avec applications, à dessin de branches fleuries et figure du Christ sortant d'un calice, brodées d'argent doré. XVIe siècle.

99 — Petit panneau en velours rouge ciselé, à dessin de rinceaux fleuris réguliers. Italie, XVIe siècle.

100 — Petit carré en velours ciselé, à dessin de petits vases dans des entrelacs, en rouge sur fond jaune. Italie, XVIe siècle.

101 — Fragment de velours ciselé, à fleurs et oiseaux, en couleurs, sur fond crème. Italie, XVIe siècle.

102 — Deux fragments de velours ciselé, à ramages bleus. Italie, XVIe siècle.

103 — Fragment de velours ciselé, à dessin de paons et de fleurettes en violet, sur fond jaune. Italie, XVIe siècle.

104 — Fragment de velours vert ciselé, à dessin de lions, de masques, de vases, etc. Italie, XVIe siècle.

105 — Petit panneau en velours ciselé, à grands ramages rouges sur fond jaune, lamé d'argent doré. Italie, xvie siècle.

106 — Fragment de velours ciselé et bouclé d'argent doré, à ramages violets sur fond gris. Italie, xvie siècle.

107 — Fragment de velours bouclé d'argent doré, à fleurs, en vert sur fond crème. Italie, xvie siècle.

108 — Carré en velours ciselé et bouclé d'argent doré et d'argent, à ramages rouges sur fond gris. Italie, xvie siècle.

109 — Deux fragments de chasubles en velours ciselé et bouclé d'argent doré, à grands ramages sur fond gris tissé d'argent. Italie, xvie siècle.

110 — Carré de velours ciselé, bouclé d'argent doré, à dessin de palmettes régulières, sur fond lamé d'argent doré. Italie, xvie siècle.

111 — Carré de velours ciselé et bouclé d'argent doré, à grands ramages, en rouge sur fond jaune. Italie, xvie siècle.

112 — Petit panneau en velours rouge frappé, à dessin d'aigles, de chimères, de vases et de fleurs. Italie, xvie siècle.

113 — Bandeau étroit en velours violet, avec applications de soutache d'argent et d'argent doré, à dessin de rinceaux feuillagés et terminés en têtes d'animaux chimériques. Italie, XVIe siècle.

114 — Panneau en velours bouclé d'argent doré et d'argent, à ramages rouges sur fond jaune, lamé d'argent doré. Italie, XVIe siècle.

115 — Orfroi en velours rouge, avec applications de broderies de soie de couleurs soutachées, à dessin dit de candélabres. Italie, XVIe siècle.

116 — Petit panneau en velours rouge, avec applications et broderies d'argent doré, présentant le monogramme du Christ dans un médaillon entouré de fleurs et de feuilles. Italie, XVIe siècle.

117 — Quatre mors de chape, dont trois en velours rouge, le quatrième en satin rouge, avec applications : dessin de vases, d'oiseaux et de rinceaux. Italie, XVIe siècle.

118 — Deux orfrois en velours rouge, avec broderies de soie de couleurs, d'argent et d'argent doré, présentant chacun deux médaillons contenant une figure de sainteté et reliés par des rinceaux feuillagés. Italie, XVIe siècle.

119 — Dos de chasuble en velours ciselé, à petits ramages verts sur fond vieux rose, avec orfroi de brocatelle jaune, à ramages gris et violacés. Italie, XVIe siècle.

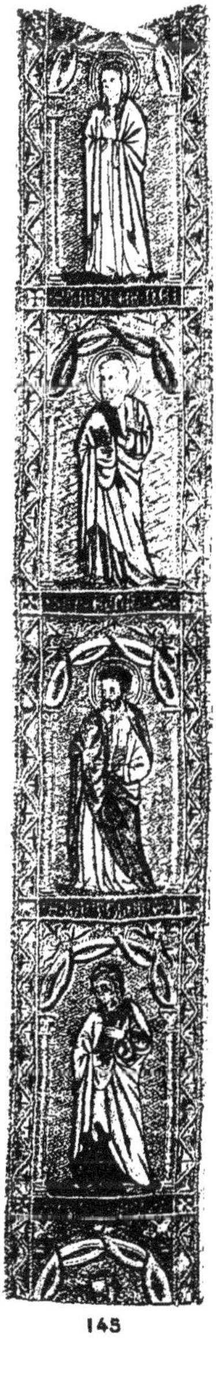

145

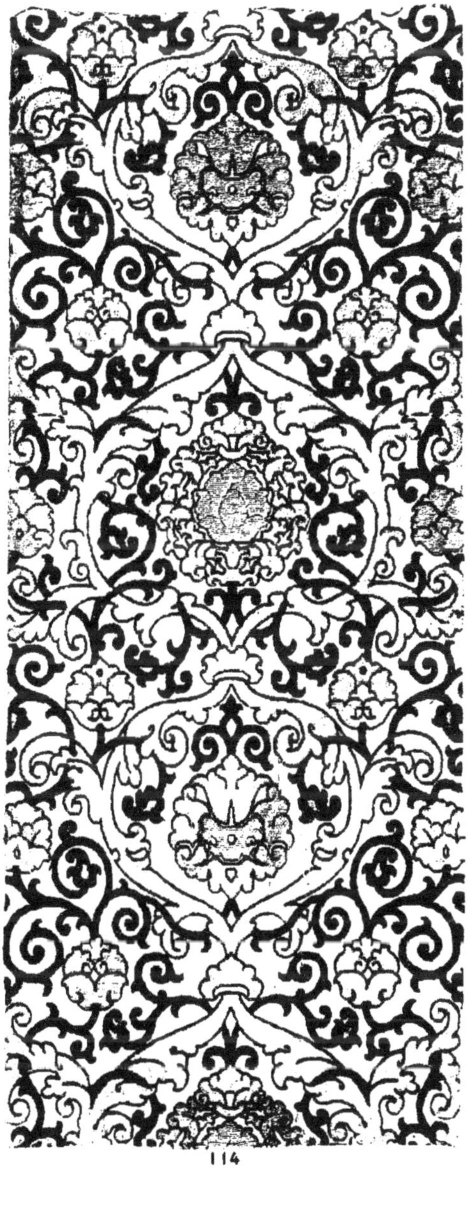

114

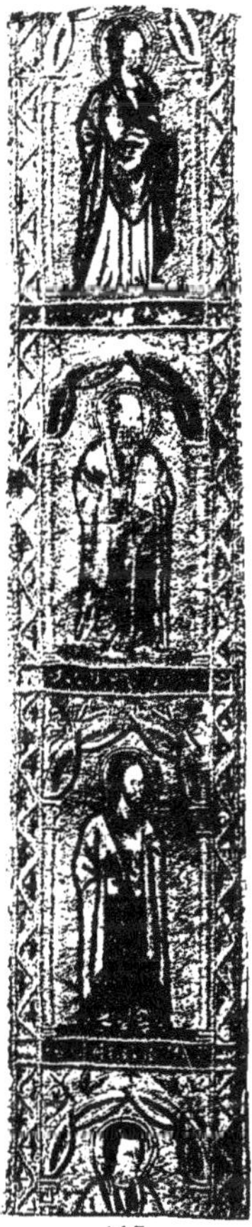

145

120 — Chasuble en velours ciselé, à dessin vert de feuilles et fleurs, sur fond vieux rose. Italie, XVIe siècle.

121 — Chaperon de chape en velours frappé, à dessin de larges feuilles et entrelacs, en rouge et gris. Italie, XVIe siècle.

122 — Deux fragments de velours vert frappé, à dessin de grenades. Espagne, XVIe siècle.

123 — Deux orfrois en velours bleu, avec applications de broderie de soie et d'argent doré, à dessin de grosses fleurs, de feuilles avec figure de saint en relief. Espagne, XVIe siècle.

124 — Quatre fragments de velours de lin frappé, présentant, au millieu d'entrelacs, le chiffre de Henri II et les croissants de Diane de Poitiers. XVIe siécle.

125 — Petit panneau en velours frappé bleu pâle, à dessin de fleurs dans un carrelage. XVIe siècle.

126 — Carré en velours rouge frappé, à dessin de fleurettes. XVIe siècle.

127 — Panneau de velours ciselé, à dessin rouge de fleurs et couronnes, sur fond jaune. Italie, commencement du XVIIe siècle.

128 — Carré en velours ciselé, à fleurettes, en bleu sur fond vieux rose. Italie, XVIIe siècle.

129 — Montant en velours ciselé rouge, à grands ramages de fleurs, avec écusson d'armoiries, soutenu par un oiseau aux ailes déployées. Italie, XVIIe siècle.

130 — Grand lé en velours ciselé, à couronnes et feuillages, en rouge sur fond jaune. Italie, XVIIe siècle.

131 — Montant en velours ciselé, à dessin de branches fleuries et vases, en rouge sur fond jaune. Italie, XVIIe siècle.

132 — Carré en velours multicolore, à dessin de cavaliers alternant avec des fleurs ; fond blanc. XVIIe siècle.

133 — Deux petits carrés en velours polychrome ciselé, à fleurs. XVIIe siècle.

134 — Cinq fragments, velours et broderie, à feuillages, vases, rinceaux, etc. XVIIe siècle.

135 — Fragment de velours ciselé, blanc, à fleurs. XVIIe siècle.

136 — Bandeau de tour de lit en velours vert, avec applications de broderie de soie soutachée d'argent doré, à dessin de personnages de style antique, de pyramides avec cartouches et de fleurs. XVIIe siècle.

137 — Panneau en velours ciselé, à dessin de vases, couronnes et fleurs, en rouge sur fond gris. XVIIe siècle.

138 — Petit panneau en velours vert et jaune, à dessin de chimères, au milieu de rinceaux. XVIIe siècle.

139 — Fragment de bandeau en velours, à ramages verts sur fond rouge. XVIIe siècle.

140 — Grand montant en velours ciselé, à ramages rouges sur fond gris lamé d'argent. XVIIe siècle.

141 — Grand montant en velours ciselé, à ramages rouges sur fond gris, lamé d'argent. XVIIe siècle.

142 — Chasuble en velours vert ciselé, à grenades, avec orfroi de velours rouge.

143 — Petit tapis en velours ciselé, à ramages polychromes de fleurs, sur fond lamé d'argent doré. Ancien travail vénitien, pour l'Orient.

BRODERIES, SOIES, SATINS

144 — Trois petits fragments de broderie de soie de couleurs et d'argent doré, présentant chacun la scène de la Visitation. Italie, XIIIe siècle.

145 — Deux orfrois en broderie d'argent doré et de soie de couleurs, présentant la Vierge, saint Pierre, saint Barthélemy, saint Philippe, saint Jacques, saint Paul et le Christ, disposés sous des arcades, avec leur nom au-dessous de chacun d'eux. Italie, XIVe siècle.

146 — Fragment de damas crème broché d'argent et d'argent doré, à fleurs et feuillages. XIVe siècle.

147 — Fragment en broderie de soie rouge sur toile, présentant une tête couronnée, plusieurs fois répétée. Sicile, XVe siècle.

148 — Fragment de brocatelle, présentant le sujet de l'Annonciation. Sienne, XVe siècle,

149 — Huit fragments de brocatelle lamée d'argent, à dessin de personnages et motifs réguliers. Sienne, XVe siècle.

150 — Fragment de brocatelle brodée et lamée d'argent, présentant le sujet de la Nativité. Sienne, XVe siècle.

151 — Deux grands orfrois en broderie d'argent et de soie de couleurs, présentant chacun sous des arcades gothiques une figure de sainteté : Saint Pierre, saint Jacques le Majeur, saint Paul, etc. Espagne, XVe siècle.

152 — Deux orfrois en broderie de soie de couleurs et d'argent doré, présentant la Circoncision, l'Annonce au berger et d'autres sujets de sainteté, ces groupes étant disposés sous des arcades gothiques. Travail flamand du XVe siècle.

153 — Six bandes en broderie de soie rouge et grise, sur toile ; dessin de feuillages, d'animau , etc. Travail sicilien, XVIe siècle.

154 — Fragment de brocatelle, présentant l'Assomption, en jaune sur fond rouge. Sienne, XVIe siècle.

155 — Cinq fragments de toile brodée de soie rouge, à dessin d'enfants, de rinceaux, de fleurs, etc. Travail sicilien du XVIe siècle.

156 — Napperon en toile brodée de soie rouge, à dessin régulier sur la bordure. Sicile, XVIe siècle.

157 — Petit napperon en toile brodée bleu et jaune, à dessin d'animaux, de personnages et de branches fleuries. Sicile, XVIe siècle.

158 — Napperon en toile brodée de soie rouge, bordure à dessin de fleurs et d'oiseaux. Sicile, XVIe siècle.

159 — Trois bandes en broderie de soie sur toile, à dessin de motifs réguliers, dont deux à fond rouge, un à fond vert. Sicile, XVIe siècle.

160 — Fragment de napperon en broderie de soie rouge, sur fond de toile, à dessin de licornes, lions et autres animaux, avec personnages occupés à les chasser. Sicile, XVIe siècle.

161 — Fragment de napperon en toile brodée de soie bleue à dessin de béliers. Travail de Pérouse. XVIe siècle.

162 — Chaperon en brocatelle jaune et vieux rose, présentant la Vierge de gloire, entourée d'anges. Sienne, XVIe siècle.

163 — Fragment de chaperon en brocatelle, présentant la Résurrection, en jaune et vieux rose. Sienne, XVIe siècle.

164 — Fragment de brocatelle, présentant la Vierge entourée d'anges, en jaune sur fond rouge. Sienne, XVIe siècle.

165 — Deux fragments de brocatelle, rouge et jaune, l'un d'eux lamé d'argent doré ; le grand présente le Christ sortant du sépulcre, l'autre une figure de sainteté, au milieu de feuillages. Sienne, XVIe siècle.

166 — Chasuble en brocatelle rouge et jaune, à fleurs, têtes de chérubins, figure de la Vierge et monogramme du Christ. Sienne, XVIe siècle.

167 — Deux fragments de brocatelle jaune, lamée d'argent doré, brodée de soie rouge ; l'un à dessin de feuillages avec figure du Christ sortant du sépulcre, l'autre à dessin de feuilles. Sienne, XVIe siècle.

168 — Orfroi en brocatelle rouge et jaune, lamée d'argent doré, présentant des têtes de chérubins, et le monogramme du Christ. Travail de Sienne, XVIe siècle.

169 — Large montant en brocatelle rouge, à grands ramages jaunes bouclés d'argent doré. Italie, XVIe siècle.

170 — Carré, en deux parties, en brocatelle jaune, à ramages rouges et blancs de feuillages et fleurs. Italie, XVIe siècle.

171 — Petit panneau en brocatelle jaune, à dessin de fleurs et feuilles, en rouge. Italie, XVIe siècle.

172 — Panneau en brocatelle jaune, à ramages rouges et gris, composés de fleurs, d'oiseaux, de feuilles, de lions, avec le monogramme : *M.* Italie, XVIe siècle.

173 — Grand fragment de brocatelle jaune, à grands ramages, en gris, bouclés d'argent. Italie, XVIe siècle.

174 — Large montant en brocatelle, à dessin de vases dans des entrelacs feuillagés, en jaune sur fond gris. Italie, XVIe siècle.

175 — Carré en satin rouge broché, à ramages jaunes : fleurs et couronnes de comte. Italie, XVIe siècle.

176 — Petit panneau en brocatelle, à ramages jaunes et gris, sur fond rouge, avec animaux. Italie, XVIe siècle.

177 — Panneau en damas rouge, à grosses fleurs et couronnes. Italie, XVIe siècle.

178 — Carré en soie rouge lamée d'argent, à dessin d'aigles et de fleurs. Italie, XVIe siècle.

179 — Dalmatique en damas vert lamé d'argent doré, à fleurs. Italie, XVIe siècle.

180 — Petit tapis de brocatelle, à grosses fleurs en jaune et rouge, sur fond violacé. Italie. XVIe siècle.

181 — Grand fragment de brocatelle jaune lamée d'argent doré, à dessin de fleurs en gris, bordée de rose. Italie, XVIe siècle.

182 — Carré en lampas, à dessin de vases de fleurs et oiseaux, en bleu sur fond jaune. Italie, XVIe siècle.

183 — Fragment de damas rouge, à grands ramages. Italie, XVIe siècle.

184 — Fragment de brocatelle, à ramages jaunes, sur fond rouge, lamé d'argent doré. Italie, XVIe siècle.

185 — Petit carré en soie verte lamée d'argent, à dessin de feuilles régulières lamées d'argent doré. Italie, XVIe siècle.

186 — Petit carré en brocatelle brodée, à petits motifs irréguliers, bordée de rouge sur fond blanc, tissée d'argent. Italie, XVIe siècle.

187 — Deux orfrois en toile, avec applications de broderie de soie de couleurs, d'argent et d'argent doré, à dessin de rinceaux fleuris, de bustes, de dauphins et d'armoiries d'archevêque. Italie, XVIe siècle.

188 — Orfroi en satin gris, avec applications de broderie de soie de couleurs et d'argent doré, à dessin de menus rinceaux fleuris et feuillages. Italie, XVIe siècle.

189 — Orfroi en satin rouge brodé d'argent et d'argent doré, à dessin de fleurons. Italie, XVIe siècle.

190 — Chasuble, en deux morceaux, en damas rouge, à grands ramages, avec orfroi de velours rouge et applications, à dessin de fleurs, rinceaux, agneau mystique, couronnes, etc. Italie, XVIe siècle.

191 — Fragment de brocatelle bouclée d'argent doré, à ramages réguliers, sur fond gris. Italie, XVIe siècle.

192 — Petit panneau en lampas lamé d'argent doré, à dessin de fleurs et couronnes. Italie, XVIe siècle.

193 — Petit panneau en brocatelle, à dessin de personnages, fleurs, etc., en bleu sur fond jaune. Italie, XVIe siècle.

194 — Petit panneau en satin rouge broché, à dessin de fontaines et de fleurs, dans le genre oriental. Italie, XVIe siècle.

195 — Petit panneau en satin broché en gris et marron, à dessin de fleurs et de personnages à corps terminés en feuillages. Italie, XVIe siècle.

196 — Petit panneau en satin rouge broché, à fleurs, en blanc, jaune et vert. Italie, XVIe siècle.

197 — Deux orfrois en satin rouge, avec applications de broderie de soie de couleurs et d'argent doré, à dessin de rinceaux feuillagés. Italie, XVIe siècle.

198 — Orfroi en satin vert, avec applications de broderie de soie et d'argent, à reliefs; dessin de branches fleuries et rinceaux. Italie, XVIe siècle.

199 — Orfroi en broderie de soie et d'argent doré, présentant deux figures de saints superposés, assis sous des arcades et surmontés d'un groupe : la Vierge et l'Enfant Jésus. Espagne, XVIe siècle.

200 — Fragment de lampas rouge, à dessin de lions affrontés et de fleurs en gris bleuté. Espagne, XVIe siècle.

201 — Chasuble en damas vert, avec orfroi en brocatelle à fleurs, en jaune sur fond rouge. xvie siècle.

202 — Grand fragment de soie bleu pâle brodée, avec applications de velours, présentant le roi Jacques V d'Écosse et la reine Marie, ayant auprès d'eux les armes d'Écosse, les initiales Q. M. (*Queen Mary*) et les chiffres *15*..., commencement du millésime; au-dessus, Jacques Ier, roi d'Angleterre, et la reine Anne, ayant auprès d'eux les armes d'Angleterre. Le reste de la pièce est décorée de fleurs, d'animaux et d'emblèmes. Travail anglais du commencement du xviie siècle.

203 — Fragment de broderie de soie sur canevas, à dessin d'animaux et arbustes. Commencement du xviie siècle.

204 — Fragment de broderie de soie sur canevas, à dessin d'animaux dans des paysages. Commencement du xviie siècle.

205 — Carré en broderie de soie de couleurs, présentant un sujet de chasse, entouré de fleurs. Commencement du xviie siècle.

206 — Petit panneau en satin gris broché, chenillé et tissé d'argent, présentant des fontaines entourées de paons et de cerfs, de léopards, de lions et de fleurs. Italie, xviie siècle.

207 — Panneau en damas rouge, à dessin de fleurs et couronnes. Italie, XVIIe siècle.

208 — Panneau en lampas, à dessin de vases de fleurs et entrelacs en vert, sur fond jaune. Italie, XVIIe siècle.

209 — Petit panneau en brocatelle, à dessin de vases de fleurs et feuilles en violet sur fond vert. Italie, XVIIe siècle.

210 — Petit panneau en brocatelle de lin, à dessin de vases de fleurs en blanc et rouge, sur fond jaune. Italie, XVIIe siècle.

211 — Montant en lampas à ramages jaunes sur fond rouge. Italie, XVIIe siècle.

212 — Large montant en satin rouge lamé d'argent doré, à grosses fleurs et feuilles. Italie, XVIIe siècle.

213 — Grand panneau en hauteur, en satin rouge broché, à dessin de couronnes, chèvres, lions, vases, etc., en jaune. Italie, XVIIe siècle.

214 — Carré en satin rouge broché, à fleurs et feuilles en jaune et blanc. Italie, XVIIe siècle.

215 — Dos de chasuble en brocatelle, à dessin de léopards et fleurs en jaune, sur fond bleu, Italie, XVIIe siècle.

216 — Carré en satin vert broché d'argent doré, à dessin de vases et oiseaux. Italie, XVIIe siècle.

217 — Carré en brocatelle à fleurs et entrelacs, en vert sur fond jaune. Italie, XVIIe siècle.

218 — Petit panneau en satin gris broché, à fleurs, entrelacs et couronnes. XVIIe siècle.

219 — Fragment de lampas, à fleurs et feuilles, en jaune sur fond rouge. XVIIe siècle.

220 — Fragment de brocatelle, à ramages jaunes et gris, sur fond rouge lamé d'argent. XVIIe siècle.

221 — Fragment de brocatelle rouge et jaune, lamée d'argent à grands ramages. XVIIe siècle.

222 — Panneau en damas vert, à fleurs et feuilles. XVIIe siècle.

223 — Grand lé de lampas gris et bleu, à grands ramages, feuillages, vases, fleurs, etc., XVIIe siècle.

224 — Fragment de satin rouge, avec applications à fleurs. XVIIe siècle.

225 — Petit panneau en brocatelle, à dessin de couronnes et vases de fleurs et oiseaux, en jaune sur fond rouge. XVIIe siècle.

226 — Grand fragment en satin blanc brodé, à dessin de fleurs dans des entrelacs réguliers. XVIIe siècle.

227 — Voile de calice en satin blanc brodé de soie et soutaché d'argent doré, décor de fleurettes. XVIIe siècle.

228 — Sac en soie grise brodée de soie de couleurs et d'argent, à dessin de médaillons armoriés, au milieu de branches fleuries et feuillagées. XVIIe siècle.

229 — Deux fragments de chasuble en satin vieux rose broché et chenillé, à fleurs et oiseaux. XVIIe siècle.

230 — Deux fragments de satin vieux rose broché de soie et d'argent, à dessin d'arbustes et de fleurs, avec personnages et animaux. XVIIe siècle.

231 — Bandeau de tour de lit en satin jaune, avec applications de velours violet soutaché, à dessin de fleurs, rinceaux, coupes, cornes d'abondance. XVIIe siècle.

232 — Partie de tour de lit en serge rouge, avec applications de velours vert, à dessin de fleurs et entrelacs. XVIIe siècle.

233 — Deux fragments de tour de lit en velours vert, avec applications, à dessin de cariatides, personnages et entrelacs. XVIIe siècle.

234 — Deux petits fragments en satin jaune brodé et avec applications, à dessin d'oiseaux et de fleurs, au milieu de rinceaux et d'entrelacs. XVIIe siècle.

235 — Fragment de satin bleu broché et chenillé, à fleurs et personnages richement vêtus. Espagne. XVIIe siècle.

236 — Petit panneau en satin bleu broché, à dessin d'habitations, d'oiseaux et de licornes. Espagne. XVIIe siècle.

237 — Petit panneau en satin vert, broché à dessin d'habitations et d'oiseaux. Espagne. XVIIe siècle.

238 — Petit panneau en satin gris broché et chenillé, à dessin de cavaliers, de chasseresses, d'animaux et de fleurs. Espagne, XVIIe siècle.

239 — Fragment de chasuble en satin crème broché et chenillé, à dessin d'animaux et de personnages richement vêtus. Espagne, XVIIe siècle.

240 — Mitre en satin blanc, avec applications de broderie de soie, d'argent et d'argent doré, à motifs réguliers. Espagne, XVIIe siècle.

241 — Panneau en brocatelle, à grands ramages vieux rose et jaune. Espagne, XVIIe siècle.

242 — Bandeau en satin blanc lamé d'argent, avec applications de broderie de soie de couleurs et d'argent doré, de perles de corail et de lamelles d'argent ; dessin de fleurs et rinceaux. Travail portugais du XVIIe siècle.

243 — Chasuble en satin violet, à ramages de fleurs lamés d'argent sur fond gris. Italie, XVIIe siècle.

244 — Deux carrés en satin blanc, avec applications de broderie de soie et d'argent doré, à dessin de vases de fleurs, au milieu de volutes, de fleurs et de feuilles. Italie, XVIIe siècle.

245 — Chasuble en soie brochée verte, lamée d'argent et d'argent doré, à fleurs. Italie, XVIIe siècle.

246 — Petit panneau en lampas, à dessin de vases de fleurs, en gris sur fond rouge. Italie, XVIIe siècle.

247 — Carré de soie rouge brochée, à fleurs, en jaune et blanc. Italie, XVIIe siècle.

248 — Large montant en brocatelle, à dessin rouge sur fond jaune, de grands vases, dans le goût chinois, ou couronnes de fleurs. Italie, XVIIe siècle.

249 — Fragment de satin rouge broché d'argent doré, à fleurs. Italie, XVIIe siècle.

250 — Carré de soie verte lamée d'argent doré, à fleurs et à dessin de soie découpée. Italie, XVIIe siècle.

251 — Fragment de bordure en tapisserie flamande du XVIe siècle, présentant un paysage dans un médaillon entouré de draperies, de cornes d'abondance, de personnages, etc., sur fond marron.

252 — Deux fragments de tapis, d'ancien travail hispano-mauresque.

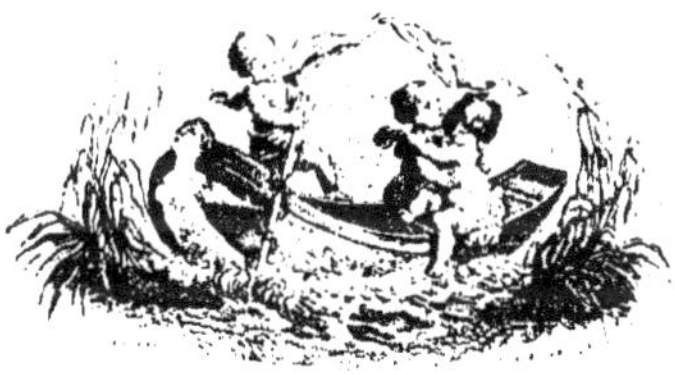

www.ingramcontent.com/pod-product-compliance
Ingram Content Group UK Ltd.
Pitfield, Milton Keynes, MK11 3LW, UK
UKHW031955260826
14628UKWH00005B/2067

9 782329 512136